U0046301

New window 新視野213

一切都會好好的

即使是最漫長的一天，你也值得滿滿的愛

ALL OF THIS IS FOR YOU

A LITTLE BOOK OF KINDNESS

露比·瓊斯 RUBY JONES——圖&文

張家綺——譯

小小筆記

2019年3月15日，我畫了一張簡單的插畫，搭配文字敘述：「這裡是你的家，應該是你的避風港」，這本書正是其衍生創作。那天下午，我一直收聽著新聞報導紐西蘭基督城的清真寺恐怖攻擊事件，腦海中因此浮現了創作插畫的想法。我知道很多朋友感同身受，為了支持他們，也為了表達沮喪之情，我在網路上分享了這張圖。這張圖安撫了全世界各個角落的人，更以意想不到的美麗方式有了自己的生命。這讓我覺得自己很渺小。我相信這張簡單的作品能夠引起共鳴，並給予人們在面對如此可怕的事情時，苦苦尋覓的一句鼓勵，或是一個溫暖的舉動。

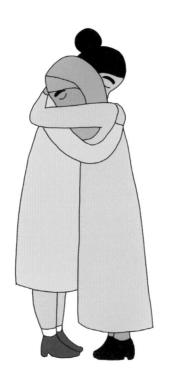

這裡是你的家，
應該是你的避風港。

我希望這本書能為你帶來一絲安慰，不論是晴是雨，是流下快樂或傷心的淚水，我希望你都能在翻開這本書時，找到打動你心的那一頁。我的作品欲探討人與人之間的連結和情感，以及我們該怎麼做才能善待自己、善待生命中的每個人、善待世界。不分年齡、性別、宗教、種族、文化背景，人生中偶爾會有只想對自己保留的私密時刻，好比我們的夢想、恐懼、希望、愛、失去，而我想要賦予那些人人都會經歷的脆弱時刻一個聲音。

因為只要是人都會經歷，就是這麼簡單。

露比・瓊斯

Ruby Jones

有時候，
一切都令人覺得難以承受。

人生就像走平衡木……

……不一定每次都能走得穩，不過沒關係。
你會跌倒、會迷路，事物會破碎，曲終人會散，
這些都是人生必經的過程。

這一切

完全

不

是　你的

錯

大家都一樣，
沒有人知道自己在做什麼。

表現出喜怒哀樂，
不代表你瘋了。

你並不等於
你的負面想法。

停下腳步、閉上雙眼、深呼吸。
事情不會完美無缺（完美根本不存在）。
但是，一切都會<u>好好的</u>。

能在這裡，
我們真的很幸運。

總有人會早一步離開，
我們不可能做好準備。
雖然悲傷將如潮水般襲來，
但潮水終將退去，
旭日依舊會升起。

走出來並不容易。
按照你的步調，慢慢來就好。

請不要走。
這個世界真的好需要像你這樣的好人。

你是被愛著的，
這份愛多到你無法想像。

明天……

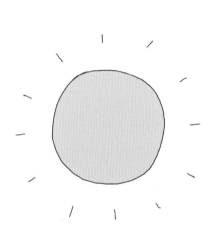

……又是嶄新的一天。

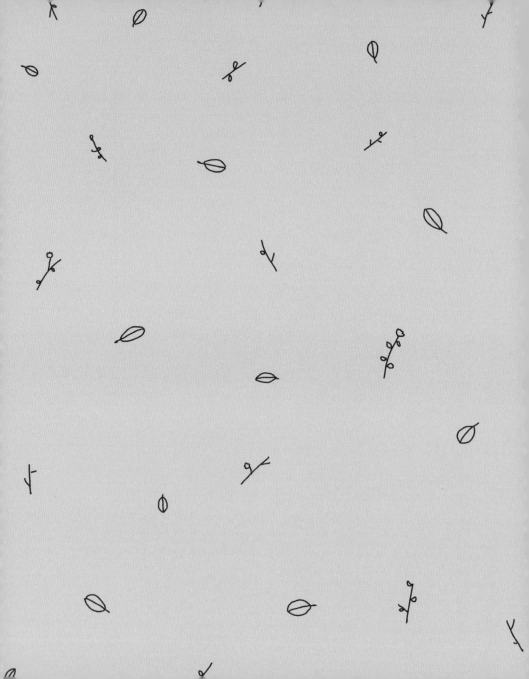

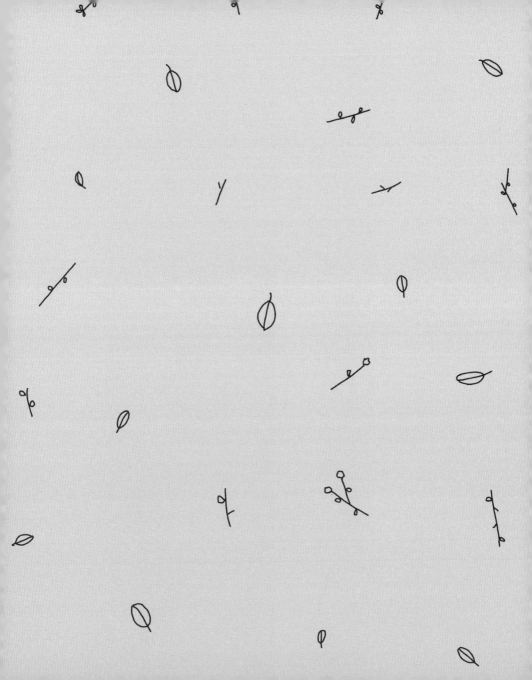

當你無法接受鏡中的自己時，
別忘了你的身體讓你做到的事，
別忘了它曾經帶你去過的地方。
它也許傷痕累累，也許疲憊不堪，
也許垂垂老矣……

……但可以活在這個身體裡，
是多麼幸運的一件事啊。

每朵鮮花都為你綻放。
每道陽光都為你閃耀。
每隻鳥兒都為你而唱。
全是為了你一人。

堅持下去。

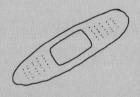

好好保護自己，
也保護好你所愛的一切。

你非常珍貴。
你是值得的。
你是完整的。
你已經夠好了。

你會怎麼照顧五歲的自己，
就怎麼照顧現在的你。

每一天，
你的存在對某個對象而言，
都像是溫暖的陽光。

我希望你能學著不活在他人眼光裡，
並了解自己是多麼珍貴，多麼堅強，
而我們能擁有你，是多麼幸運的事。

這些都無法定義你的價值：

你的年齡

你的性別

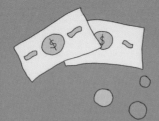

你的帳戶餘額

你的宗教信仰

你的文化

你的工作

你的背景

你的姓氏

你的外貌

為了你認為正確的事挺身而出。

要有柔軟的心。
要保持開放心態。
要溫柔待人。
要懂得去愛。
要寬容。
要勇敢。

找一件讓你開心的事，
或是找一個會逗你笑的人，

即使（尤其）是你快哭出來的時候。

冒個險，
發個簡訊吧。

優先考慮自己，
一點都不要有罪惡感。

即使是最漫長難熬的一天，
也別忘了為最親密的人儲備滿滿的愛。

你愛的人，就是你的家人。

我拉你一把。

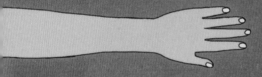

你助我一臂之力。

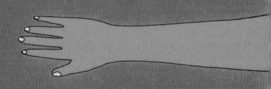

去找那些

跟你長得

不一樣的人，

和他們

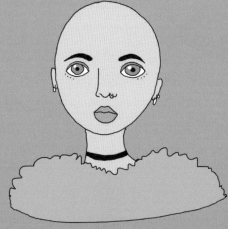

聊聊天。

這裡是屬於你的空間。
需要封鎖的人就封鎖吧。
只需要追蹤可以鼓勵你，
還有讓你打從心底歌唱的人。

找一個願意聽你傾訴的對象。

永遠別小看文字令人著迷的力量。

每一天，
都要盡可能地
用愛灌溉全世界。

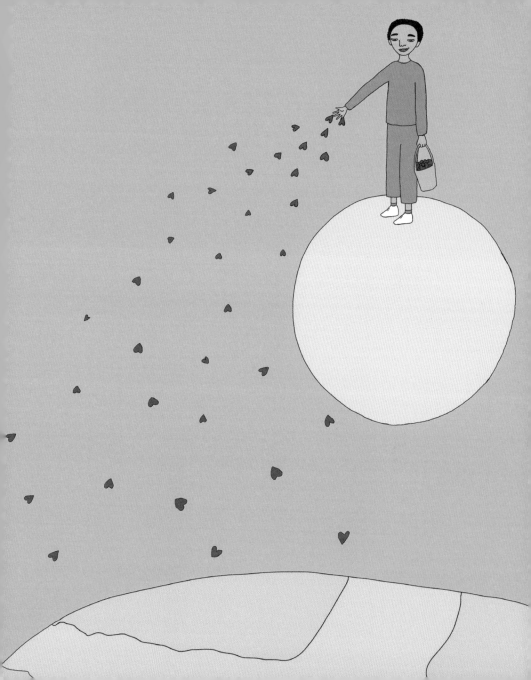

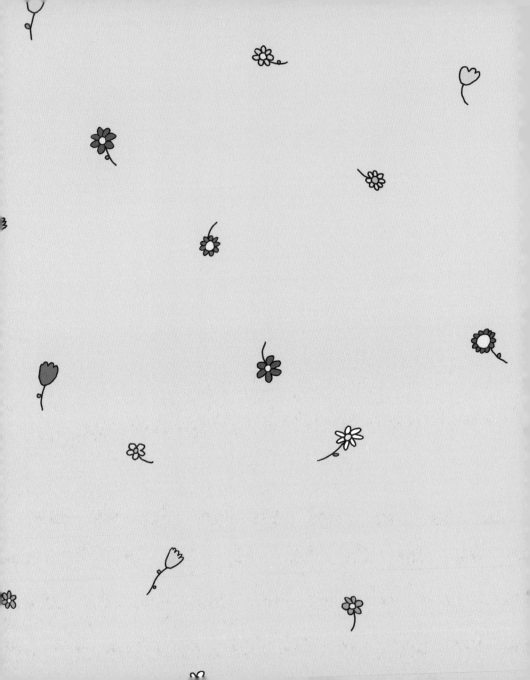

我們全在這裡陪伴著你。

致謝

感謝爸媽在我人生中的每一天以身作則,讓我知道要當一個對他人善良、富有同情心、慷慨、懂得包容的人。謝謝大哥打從我出生的第一天起就保護我、鼓舞我。謝謝阿公阿嬤遺傳給我對藝術和文字的熱愛。感謝我美麗大家族的每個成員,我愛你們。謝謝我的朋友,提醒我記得大笑,記得跳舞。謝謝我所有老師,尤其是我的「漢妮老師」珍妮·韋伯。謝謝克萊爾、瑞秋、葛蕾絲、凱特,以及企鵝藍燈書屋團隊的全體同仁,謝謝你們相信我,並且看見這本書的魔力。感謝Isentia團隊。謝謝世界各地來信鼓勵我、給我正能量的朋友。謝謝所有曾經想要放棄卻堅持下去的讀者,我真的以你們為榮,繼續加油!

露比・瓊斯 RUBY JONES

現居紐西蘭威靈頓的年輕藝術家兼作家，她充滿希望和溫暖的訊息極具時代精神。2019年3月紐西蘭基督城恐怖攻擊事件發生後，她分享了兩個女人彼此擁抱，寫有「這裡是你的家，應該是你的避風港」的插畫，因而引起全世界關注。恐怖攻擊過後幾天，露比受邀為《時代雜誌》繪製封面插畫，此後她的作品就廣為流傳，並且經常被刊登於BuzzFeed、i-D、Vogue、Marie Claire、Nadia等雜誌。本書是她的文字處女作。

高寶書版集團
gobooks.com.tw

新視野 New Window 213

一切都會好好的
即使是最漫長的一天，你也值得滿滿的愛
ALL OF THIS IS FOR YOU: A LITTLE BOOK OF KINDNESS

作　　者	露比‧瓊斯（Ruby Jones）
譯　　者	張家綺
責任編輯	林子鈺
封面設計	林政嘉
排　　版	賴姵均
企　　劃	方慧娟

發 行 人	朱凱蕾
出　　版	英屬維京群島商高寶國際有限公司台灣分公司
	Global Group Holdings, Ltd.
地　　址	台北市內湖區洲子街 88 號 3 樓
網　　址	gobooks.com.tw
電　　話	(02) 27992788
電　　郵	readers@gobooks.com.tw（讀者服務部）
	pr@gobooks.com.tw（公關諮詢部）
傳　　真	出版部　(02) 27990909　行銷部 (02) 27993088
郵政劃撥	19394552
戶　　名	英屬維京群島商高寶國際有限公司台灣分公司
發　　行	英屬維京群島商高寶國際有限公司台灣分公司
初版日期	2020 年 11 月

All Of This Is For You
Text and illustrations Copyright © Ruby Jones, 2019
First published by Penguin Random House New Zealand Ltd.
This edition published by arrangement with Penguin Random House New Zealand Ltd.
through Andrew Nurnberg Associates International Limited. All rights reserved.

國家圖書館出版品預行編目（CIP）資料

一切都會好好的：即使是最漫長的一天，你也值得滿滿的愛 / 露
比‧瓊斯 (Ruby Jones) 著；張家綺譯. -- 初版. -- 臺北市：高
寶國際出版：高寶國際發行, 2020.11
　面；　公分. -- (新視野 213)

譯自：ALL OF THIS IS FOR YOU: A LITTLE BOOK OF KINDNESS

ISBN 978-986-361-935-2 (平裝)

1. 人生哲學　2. 生活指導　3. 繪本

191.9　　　　　　　　　　　　　　　　109016495